RELEVONS

LE GANT

PAR M. J. A.

APPROUVÉ PAR

Mgr DUPANLOUP

ET AUTRES CÉLÉBRITÉS

Cardinaux, Sénateurs et Députés

3ᵉ Édition, revue corrigée et augmentée.

Prix 60 centimes

EN VENTE CHEZ L'AUTEUR

RUE SAINT-SULPICE, 9.

ET CHEZ LES PRINCIPAUX LIBRAIRES

1877.

RELEVONS

LE GANT

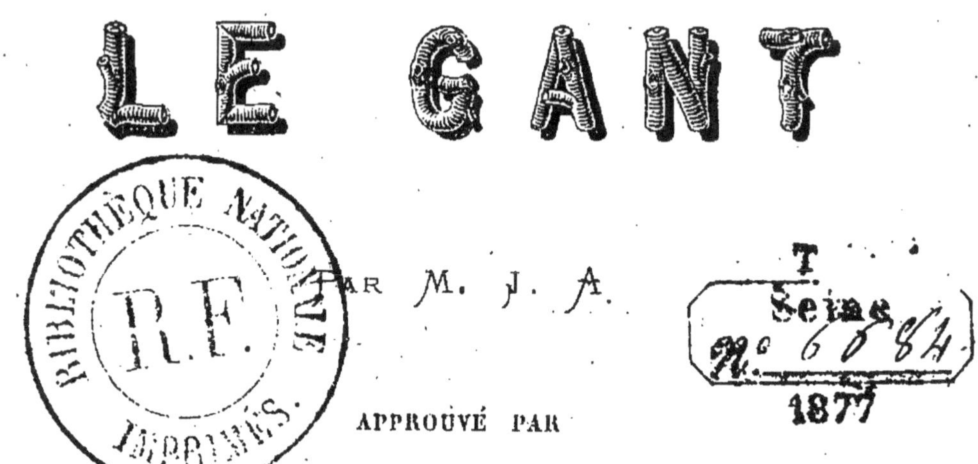

PAR M. J. A.

APPROUVÉ PAR

Mgr DUPANLOUP

et autres célébrités

CARDINAUX, SÉNATEURS & DÉPUTÉS

3ᵉ édition revue, corrigée et augmentée

Prix **60** *centimes.*

EN VENTE CHEZ L'AUTEUR

RUE SAINT-SULPICE, 9, et CHEZ LES PRINCIPAUX LIBRAIRES

Lettre de Mgr Dupanloup :

Monsieur,

Je ne saurais qu'applaudir à votre dévoûment et à votre zèle.

Votre courage sera béni de Dieu puisque vous soutenez sa cause, et vous ferez le bien, ce qui est la plus grande douceur pour un cœur chrétien.

Croyez à tous mes bien dévoués sentiments en N. S.

† F. Evêque d'Orléans.

Son Eminence le cardinal de Bordeaux :

Monsieur,

Merci de votre brochure, *Relevons le gant*. En vous lisant, on sent un cœur d'autant plus catholique qu'il est plus français. L'amour de l'Eglise et l'amour de la France sont essentiellement faits l'un pour l'autre. Eux seuls peuvent nous donner ces hommes de bonne volonté, dont nous avons tant besoin.

Vous avez raison : nous avons la force et c'est notre union par le *Credo* qui nous la donne. Nos ennemis le savent bien. Voilà pourquoi ils s'efforcent encore de l'entamer. Mais que nos libres-penseurs s'y résignent. Comme leurs devanciers ils passeront, eux aussi, devant ce monument de notre croyance, en disant : *Te morituri salutant*. Ils mourront, en effet, repentants ou endurcis ; mais l'Eglise vivra pour répandre sur leurs restes des prières d'action de grâce ou des larmes de regret.

Continuez, comme un général sans peur et sans reproche, à combattre les ennemis du Seigneur et à appeler sous l'étendard de la croix les hommes de bonne volonté. Votre appel sera entendu. Vous serez dans la plaine et nous serons comme Moïse sur la montagne.

Je vous renouvelle, Monsieur, l'assurance de mes sentiments les plus dévoués.

† FERDINAND, Card. Donnet.

Lettre de M. Keller, député :

Monsieur,

J'ai lu avec un vif intérêt la brochure que vous avez bien voulu m'envoyer. Je tiens à vous en remercier de suite et à vous féliciter du sentiment catholique et français qui vous l'a inspirée. Je souhaite vivement qu'elle ait de nombreux lecteurs.

Recevez, Monsieur, l'expression de mes sentiments très-distingués.

Le Député du Haut-Rhin, KELLER.

On lit dans la *Défense sociale et religieuse* du 7 février 1877 :

Mercredi 7 février, 1877.

RELEVONS LE GANT !

Voilà encore un vaillant combattant pour la cause de la France catholique. L'auteur de cette petite brochure relève le gant en effet et répond vertement aux odieuses accusations que les ennemis du christianisme ne cessent de recommencer. Sans doute les arguments pressés dans ces quelques pages ne sont pas nouveaux, mais ils se représentent sous une forme vive et saisissante, vibrante pour ainsi dire, comme la ferme et généreuse espérance de l'auteur. Le dernier chapitre : La République sera chrétienne ou elle ne sera pas est surtout écrit avec une verve remarquablement entraînante et encourageante, ce qui n'est pas de trop dans un moment où l'imminence du péril ne paralyse que trop facilement les efforts des honnêtes gens.

Même appréciation dans l'*Univers* du 20 février, dans la *Semaine religieuse* du 3 mars, le *Monde* du 3 Avril, la *France nouvelle* et dans d'autres grands ou petits journaux.

RELEVONS

LE GANT

Les questions les plus graves s'agitent autour de nous en ce moment, sur tous les points à la fois. Questions de vie ou de mort pour nous catholiques : car c'est de nous dont il s'agit, hâtons-nous de le dire. C'est notre nom : c'est notre titre, dont nous sommes glorieux et fiers, que nos ennemis traînent chaque jour dans la boue avec un superbe dédain.

Il ne nous est pas permis de les laisser ainsi livrés à l'insulte et à l'outrage.

Notre honneur est en jeu. Il nous faut une réparation. *On nous a jeté le gant, nous le relevons.* Ce n'est pas que d'autres ne l'aient déjà fait et ne le fassent constamment avec un courage et un talent remarquables.

Les écrivains et les orateurs catholiques ne manquent pas en France.

Nous avons à la presse, Messieurs, Veuillot à l'*Univers*; Janicot à la *Gazette de France*; de Mayol de Lupé à l'*Union*; les rédacteurs de la *Défense sociale et religieuse*, du *Français*, du *Monde* et autres feuilles catholiques.

Au Sénat, Mgr Dupanloup et de Belcastel.

A la chambre, M. Keller et le comte de Mun.

Dans nos chaires chrétiennes, le Révérend Père Roux, de la compagnie de Jésus et le Père Monsabré de l'ordre de Saint Dominique. Et tant d'autres moins connus mais non moins méritants.

Ils sont tous sur la brèche, intrépides champions de la foi catholique, bravant toutes les colères de l'opinion, défendant pied à pied tous nos droits religieux ou civils, toujours attaqués, mais jamais vaincus, prêts enfin à donner leur vie pour la noble cause qu'ils soutiennent.

N'est-ce pas téméraire de ma part de m'engager au milieu de ces brillantes étoiles, ces géants de l'époque ?

Enfant du peuple, sans gloire et sans nom, je risque de passer inaperçu parmi tout ce monde, dans ce moment surtout où les esprits inquiets et affolés sont ailleurs ou ne portent qu'une attention distraite à ce qui paraît même de courte haleine. Une brochure est bien trop longue à lire, surtout quand elle n'est pas radicale. On aime mieux les feuilles volantes du journal à 5 ou 10 centimes. C'est plus économique et plus court. On est avide de nouvelles à sensation : le journal les donne à vil prix et le lecteur s'en contente.

Cependant dussé-je ne pas être lu ou ne pas plaire à tous ceux qui me liront, j'obéis à ma conscience et je délivre mon âme, en écrivant aujourd'hui sur un sujet qui nous intéresse tous : Dieu aura égard à ma bonne volonté; car c'est sa propre gloire et celle de son Église que je cherche et non la mienne. Pour les défendre, il n'est pas besoin d'être de l'Académie, il suffit d'aimer et de croire.

Notre maître à tous, saint Pierre n'était pas sorti des écoles d'Athènes, et ce n'est pas en jetant ses filets sur le lac de Génézareth qu'il avait appris l'art de parler et d'écrire.

Un soldat enfin, même à l'arrière-garde, n'est pas sans quelque utilité sur un champ de bataille. C'est pourquoi il est important que chacun fasse son devoir, quel que soit son poste. D'ailleurs ne devons nous pas compter davantage sur le secours de Dieu que sur nos propres forces ?

« Quand vous paraîtrez devant les hommes, nous dit le Maître, ne vous occupez pas de ce que vous aurez à dire, c'est moi qui vous dicterai vos réponses. »

Comptant sur ces promesses, ô mon sauveur ! je me livre entièrement à vous. Guidez ma plume dans ce que j'ai à dire à mes semblables.

Communiquez à tous, les sentiments de reconnaissance et d'amour dont vous êtes digne. Que ceux qui vous aiment déjà, vous aiment davantage après m'avoir lu, et que ceux qui ne vous connaissent pas, qui même blasphèment votre nom, ouvrent enfin les yeux à la lumière comme saint Paul, et deviennent comme lui vos disciples dévoués.

Faites enfin que les boiteux se redressent, que les sourds entendent votre voix, que les aveugles voient, que les morts même réssuscitent à une vie nouvelle.

C'est dans cet espoir que j'écris ces lignes.

Que d'infirmes autour de nous ?

Pitié pour tous, ô mon Dieu.

I

Menaces des radicaux. — Action des catholiques.

Jamais peut-être le parti catholique n'avait été attaqué avec autant d'acharnement que dans ce temps-ci. Jamais il ne s'était trouvé en face d'ennemis à la fois si nombreux et si redoutables.

Dans les feuilles périodiques ; dans les réunions publiques ou privées ; dans les grands centres comme dans les plus petits hameaux, au-dedans et au-dehors, partout on l'insulte, on le provoque avec une audace et une violence sans égale.

Ce qui n'était autrefois qu'un sentiment inspiré par la haine à quelques hommes seulement, semble aujourd'hui s'être changé en une vaste et profonde conspiration, dans le but d'anéantir par tous les moyens, l'Église de Jésus-Christ, et cela dans un pays autrefois le plus catholique du monde et après un règne de dix-huit siècles.

Enfants dévoués et fidèles de cette Église sainte, nous sommes regardés et présentés aux multitudes comme une minorité dangereuse et turbulente, qu'il importe de faire disparaître de la société toute entière.

Enfin on excite tellement les passions populaires contre nous que notre nom seul inspire à nos adversaires le même mépris que celui de Galiléen aux premiers siècles de l'Église et quand, à bout d'arguments sérieux, les radicaux veulent évoquer un fantôme qui effraie les masses, il suffit de leur dire en nous désignant : ce sont des cléricaux ; et chez eux, quoi qu'on dise, ces deux mots catholiques et cléricaux se confondent dans une seule et même haine contre la religion chrétienne.

Cette distinction entre le cléricalisme et le catholicisme, sous laquelle les chefs du radicalisme essayent de se masquer, n'est en effet qu'un mensonge hypocrite à l'aide duquel ils cherchent à séduire le peuple.

Sous le nom de cléricalisme, c'est le catholicisme qu'ils attaquent tous ; c'est à l'Église qu'ils en veulent, c'est la religion qu'ils outragent, c'est son extermination qu'ils poursuivent.

Il n'y a pas à en douter.

Pensez-vous qu'en présence de ces menaces si directes et si pressantes, il nous soit libres de ne pas nous défendre ? de rester inactifs dans notre tranquille piété ? Pensez-vous qu'au lieu de remplir notre devoir, de nous jeter personnellement dans la mêlée ardente, il suffit de nous croiser les bras avec résignation, de nous borner à déplorer le mal qui se développe autour de nous et de prier même avec ferveur pour que la victoire soit accordée aux étendards de notre foi ?

A l'heure des luttes qui, secouant le monde moderne et à des degrés, divers sont livrées à l'Église par les puissances ou l'opinion, je vous le demande, le catholique fait-il tout son devoir qui demeure simplement charitable quand il devrait être militant, désolé quand il le faudrait actif ?

Est-ce assez de distribuer exactement son bon de pain, de donner à la quête sa pièce d'or ?

Sans hésitation non, non, cela ne saurait suffire. Contre l'hostilité acharnée de nos adversaires, contre l'indifférence des masses, il faut autre chose, il faut l'action. « Il ne suffit plus de simples bonnes œuvres, il faut des actes virils », disait, il y a peu de jours, notre vénéré Pontife.

L'apôtre des nations le disait aussi à ses fidèles de Corinthe dans des circonstances analogues.

Ayant appris dans sa prison que cette jeune Église était fortement travaillée par des meneurs qui, profitant de son absence, cherchaient à détourner les fidèles de la foi chrétienne : « Prenez garde, leur écrit-il, de ne pas vous laisser aller aux discours astucieux et méchants des imposteurs qui se sont élevés parmi vous. Pour résister à leurs attaques perfides, armez-vous du casque de la foi, fortifiez vos cœurs dans une charité ardente, veillez autour de vous, mais surtout agissez. *Vigilate, state in fide, confortamini, viriliter agite.* »

A l'exemple de ce grand apôtre, et nous appuyant sur ces mêmes paroles si énergiques, nous venons vous dire aussi : catholiques français, la religion de nos pères est aujourd'hui fortement attaquée, vous le voyez. Partout on insulte impunément l'Église, notre mère. Rangez-vous autour d'elle et faites sentinelle, ô vous qui êtes ses enfants : *vigilate*.

L'erreur et le vice menacent d'envahir la société toute entière. Les ténèbres se font de toute part. L'ennemi est à nos portes. Debout chrétiens, saisissez dans vos mains et tenez ferme le drapeau de votre foi, *state in fide*. Pas de divisions parmi vous, mais plutôt serrez vos rangs et fortifiez-vous les uns les autres dans une sainte alliance, *confortamini*.

Athlètes magnanimes de la vérité et du droit, descendez dans l'arène et combattez vaillamment autour de vous, *viriliter agite*.

Nous avons devant nous un ennemi redoutable, il ne faut pas se le dissimuler. Il nous presse de tout côté. Tout semble même avoir tourné à son profit.

On n'en est plus aux idées, aux théories, aux systèmes, mais à la haine de Dieu et de son Église. On ne se contente même plus de les nier, on les poursuit sans relâche, on les combat à outrance, on leur a déclaré une guerre à mort. L'athéisme, le matérialisme lèvent plus haut que jamais la tête.

L'irreligion, l'impiété sous toutes les formes ont les armes à la main.

Enfin toutes les puissances de la terre et de l'enfer semblent s'être liguées contre nous et si nous n'avions pour garantie la promesse même du Christ qui nous assure une durée éternelle, avec raison pourrions-nous craindre de succomber sous les coups d'adversaires si nombreux et si redoutables. « Je vous envoie comme des brebis au milieu des loups, nous dit ce divin Maître. On vous haïra, on vous persécutera, on vous mettra à mort, mais soyez sans inquiétude, a-t-il ajouté, je serai avec vous jusqu'à la consommation des siècles. »

Merci, ô mon Sauveur, de ces dernières paroles qui font dans ce moment d'épreuves notre consolation et notre force.

Cependant, malgré cette assurance et cette garantie formelle de notre Dieu, nous ne devons pas rester impassibles devant le danger qui nous menace, car il dit aussi : « Ce que je vous prêche dans les ténèbres, prêchez-le au grand jour, et ce que je vous dis à l'oreille, criez-le sur les toits. »

Il est par conséquent de notre devoir de démasquer et de combattre l'erreur et le vice de toutes nos forces.

Aux doctrines subversives de l'athéisme et de la libre pensée, nos ennemis du jour, opposons avec courage et fermeté la saine et pure doctrine de l'Évangile.

A leurs principes impies les divins principes de la religion chrétienne.

A leurs théories et leurs infâmes mensonges la douce et bienfaisante lumière de la vérité. Résistance invincible à toute loi antisociale comme à toute loi antichrétienne. Union et énergie dans la défense de tous nos droits religieux et civils. Tel est notre devoir à tous : à nous surtout, enfants de l'Église catholique.

Ombres à dissiper, ruses à déjouer, préjugés à détruire, sophismes à renverser, œuvres à fonder, générations à instruire, en un mot, nation à refaire de fond en comble.

Tel est le vaste champ offert à notre activité. Jamais il n'y eut un temps où il fut plus nécessaire d'agir.

Agissons donc avec ensemble contre l'envahissement du mal qui nous menace : à l'audace opposons l'audace ; prenons l'ennemi corps à corps et luttons ; et puisqu'on veut que nous soyons des hommes de combat, eh bien, soyons-le, combattons jusqu'à ce qu'on nous retire les armes des mains, ce qui nous arrivera bien un jour, nous devons nous y attendre. Mais jusque là ne cessons de veiller et d'agir. Dieu le veut ! Autrefois à ce cri la France entière se levait comme un seul homme pour aller délivrer les lieux saints des mains des barbares et nos pères sont morts couverts de gloire.

Aujourd'hui, ce n'est plus un coin de terre à conquérir, une ville à prendre d'assaut : c'est l'Église toute entière qu'il s'agit de défendre ; c'est la foi de tout un peuple en danger : c'est notre Christ qu'on veut nous ravir. N'entendez-vous pas ces cris sinistres qui retentissent de toute part ? dans la presse, dans les réunions publiques, jusque dans nos Assemblées. Soldats du Christ, levez-vous, *state*. Soyez fermes dans votre foi. *State in fide*. Malheur à ceux qui se laissent aller à de vaines terreurs ou qui, par fausse prudence n'osent pas se montrer.

Ils sont déjà condamnés par le souverain juge: « Celui qui aura rougi de moi devant les hommes, je rougirai de lui devant mon père, » a-t-il dit. Laissez donc les morts ensevelir les morts, vous qui vivez agissez et agissez virilement. *Viriliter agite*.

II

Le syllabus et les ultramontains.

Ce que l'on attaque dans ce moment avec le plus de violence et de rage, c'est, sans contredit, le dernier bref de notre Souverain Pontife, le syllabus, et ses plus zélés partisans, les ultramontains ou catholiques romains.

Le syllabus n'est ni une nouvelle doctrine ni un nouveau dogme proposé à notre foi.

C'est une protestation énergique de la vérité contre l'erreur, de la vertu contre le vice, de la lumière contre les ténèbres, du droit contre la violence ; il a paru au milieu de ce siècle d'athéisme et de corruption pour ramener les hommes aux vrais principes de l'Évangile ; il n'est que la répétition fidèle des enseignements mêmes de Jésus-Christ.

Le monde semblait les avoir oubliés : il fallait les lui rappeler ; c'est pourquoi Pie IX, notre auguste père, le représentant infaillible de Jésus-Christ sur la terre, s'est élevé avec force contre la malice de certains hommes qui cherchent à détourner leurs semblables de la voie de la vérité : Il a lancé contre eux ses foudres pontificales qui ont ébranlé le monde.

Saisi d'épouvante, mais rempli d'orgueil, l'impie a levé la tête, et a dit : « Non, je n'obéirai pas, *non serviam*. Je combattrai, j'anéantirai ce syllabus qui me gêne ; « et partout, dans la presse, dans les pamphlets que l'on distribue à foison, à la Chambre même on l'insulte, on l'attaque avec une violence qui prouve combien on le craint, et l'on a raison ; car le syllabus doit un jour terrasser la révolution. Déjà même, on le sent, il porte un rude coup aux doctrines de nos révolutionnaires ; il s'opère chaque jour dans les esprits des changements qui nous étonnent et qui rendent nos adversaires furieux. Leur acharnement ne nous surprend donc point ; mais quels que soient leurs cris et leurs menaces, nous ne céderons pas.

Nous respectons les droits de l'État au point de vue civil. Nous reconnaissons son droit de veiller sur la sécurité publique.

Nous rendons fidèlement à César ce qui est à César : *quod Cœsaris Cœsari.*

Mais le gouvernement de nos âmes n'appartient pas à l'État et nous ne laisserons jamais, nous catholiques, absorber par un courant révolutionnaire nos intelligences et nos cœurs. Sous la République, sous les empereurs, sous les rois, sous quelque régime que ce soit, nous serons toujours les défenseurs indomptables de nos constitutions et de nos lois divines.

Vous pouvez changer les vôtres aussi souvent qu'il vous plaira, vous qui êtes au pouvoir, et vous n'y manquez pas, mais nous ne vous permettrons jamais de toucher aux nôtres ; elles sont inviolables, immuables, comme le divin auteur qui les a inspirées. Qu'elles soient ce qu'elles sont ou qu'elles ne soient pas : *sint aut non sint* ; nous subirons la prison, l'exil ou la mort plutôt que de vous abandonner un pouce de notre territoire sacré. Et vous savez que chez nous on tient parole. On ne recule pas devant la force, on meurt, mais on ne se rend pas ; lisez notre martyrologe.

Maudissez donc, calomniez, faites entendre vos imprécations et vos menaces : ouvrez vos portes de prison à deux battants ; vous n'empêcherez pas nos protestations énergiques. Vous pouvez enchaîner nos membres, briser notre corps, mais vous n'aurez jamais nos consciences et nos âmes : non, jamais.

Réformez nos impôts, vous ferez bien.

Diminuez nos charges, encore mieux.

Créez des ressources à l'État ; rendez le commerce florissant ; encouragez l'industrie ; donnez de l'activité aux affaires. Relevez enfin la nation de ses ruines et vous aurez bien mérité de la patrie. Nous serons les premiers à vous féliciter et à vous aider dans cette tâche. Mais de grâce, Messieurs, ne vous mêlez pas de nos affaires ; vous avez assez des vôtres. Le pays se fatigue de vous voir plus occupés de nous que de ses intérêts propres. Vous ne faites qu'irriter les esprits, troubler les consciences et décourager les hommes de bonne volonté.

C'est donc en vain que vous vous acharnez après ce nouveau code qui depuis quelque temps semble devenu votre point d'attaque et qui pour nous forme la base de la doctrine catholique. Toute autre doctrine est fausse. Nous n'admettons que celle qui nous vient de Rome directement ; c'est vous dire que nous ne reconnaissons d'autre Église que l'Église romaine. L'Église gallicane, que certains esprits malveillants voudraient ressuciter parmi nous, pour nous diviser ne sera jamais la nôtre. Le gallicanisme est une hérésie. Assez de ces priviléges ridicules que l'orgueil ou le despotisme avait introduits parmi nous. Non ! non ! il ne peut y avoir deux Églises, pas plus qu'il ne peut y avoir deux maîtres dans la même Église.

Nous appartenons à celle de Rome, d'au delà des monts, *ultra montes* d'où nous vient le nom d'Ultramontains. C'est de Rome que nous arrivent la lumière et la vérité, et que nous recevons notre mot d'ordre, pour la direction de nos âmes. On nous fait à ce propos un reproche qui est bien injuste : voyant notre attachement et notre fidélité au Saint-Siége, on nous accuse d'être romains avant d'être français.

Ah ! Messieurs, vous êtes cruels ; notre patriotisme vous est pourtant bien connu. Vous savez bien que nous aimons la France tout autant que vous, nous vous en avons trop souvent donné des preuves éclatantes pour que vous n'en doutiez pas. Nous comptons une armée de héros et de martyrs de dévoûment à notre pays. Ses plus zélés serviteurs sont sortis de nos rangs. Mais de grâce, après avoir donné nos bras et nos cœurs à la patrie, laissez nos âmes à Dieu et à son Église qui seule a le droit et le pouvoir de les gouverner. Vous n'y perdez pas ; la foi inspire l'héroïsme et le sacrifice qui font les braves et les honnêtes citoyens.

D'autres vont encore plus loin. Non-seulement ils nous reprochent de n'être pas Français, ils prétendent que nous ne sommes pas de vrais catholiques, ne sachant pas trop ce qu'ils sont eux-mêmes. Ils veulent une Église plus conforme aux idées contemporaines. Ils s'appellent libéraux ; ils n'admettent pas le syllabus à cause de ses doctrines qui sont d'un autre temps, disent-ils; il faut marcher avec le siècle, suivre le mouvement en avant.

Pour nous, au contraire, ces sortes de catholiques font fausse route et ne doivent pas même compter parmi les enfants de l'Église. Ce sont des bâtards ; nous les répudions, comme du reste l'a fait notre souverain Pontife lui-même. « Le libéralisme dans l'Église est une hérésie, a-t-il dit : il lui a fait un mal immense : aucune secte n'est plus pernicieuse. *Les catholiques libéraux sont de faux catholiques.* »

Donc, une seule Église, et aussi un seul maître qui est le pape, à qui il a été dit dans la personne de Pierre, tu es Pierre, et sur cette pierre je bâtirai mon Église et toutes les puissances de la terre et de l'enfer ne pourront jamais rien sur toi. *Tu es Petrus et super hanc petram œdificabo ecclesiam meam et portœ inferi non prævalebunt adversus eam.* Celui donc qui n'est pas avec le pape est contre le pape et partant contre l'Église. Il n'est pas catholique. « Il n'y a qu'un moyen d'être vrai catholique, c'est de l'être avec le pape et comme le pape, » a dit Son Éminence le cardinal de Bordeaux, en réponse au ministre de l'instruction publique, qui l'accusait de gallicanisme ; car il faut le dire, ces Messieurs aux abois, cherchent un appui partout, mais ils ne rencontrent que de la résistance dans tous les rangs.

C'est ainsi que certains journaux ont souvent essayé de détourner le bas clergé par des insinuations perfides. Pris d'une subite tendresse, l'un d'eux, chaque matin paraissait s'apitoyer sur le sort de certains prêtres mal rétribués, tandis que leurs chefs émargeaient au budget des cultes des sommes considérables. Il espérait ainsi semer la zizanie parmi nous. Ce qui le prouve, c'est que depuis, voyant qu'on ne l'écoutait pas, ce même journal ne cesse de demander l'entière suppression du budget des cultes. Leur compassion ne part donc pas d'un bon naturel. Aussi sommes-nous peu touchés et restons-nous toujours fermes dans notre foi, inébranlables sur le même terrain de l'Église, vivant de la même vie, ne faisant enfin qu'un seul et même corps de la tête aux pieds ; impossible de nous entamer.

Ne pouvant venir à bout de nous par des voies détournées et perfides, la plupart ont recours à la menace, et sur ce point, je l'avoue, ils sont plus forts, mais ils ne sont pas plus heureux.

Leurs attaques mêmes n'ont fait qu'exciter notre foi et ranimer nos forces.

Depuis quelques temps, en effet, nous voyions, avec un profond chagrin, quelques-uns des nôtres négliger même leurs devoirs de chrétiens ; à peine osaient-ils se dire catholiques, ils se cachaient presque pour aller aux églises ; ils vivaient enfin dans cet état de tiédeur que l'apôtre saint Jean reprochait amèrement à ceux de Laodicée, et qui était voisin de la mort.

Ces mêmes chrétiens se voyant chaque jour attaqués dans leurs croyances, calomniés ou bafoués, se sont reprochés leur indifférence, et secouant leur coupable torpeur, ils sont venus résolument se grouper autour de nous.

Aujourd'hui nous pouvons dire qu'il n'existe plus de chrétiens indifférents, ils sont ou tout froids ou tout ardents, ou tout vivants ou tout morts. On compte maintenant en France une véritable armée de braves chrétiens, toujours prête à combattre. Personne ne craint plus de se montrer : c'est un réveil général. Voyez ces foules accourir de toute part, d'un pélerinage à l'autre, traversant les villes et les campagnes, bannière déployée, chantant sur leur passage des hymmes à la vierge, bravant les railleries et les sarcasmes de l'impiété, manifestant ainsi leurs croyances sur tous les points de la France à la fois.

Nous les avons vus, ces chevaliers de la foi sans peur, gravir la montagne de Fourvières à la tête de nos ouvriers catholiques accourus de toute part ; nous les avons salués sur leur passage comme on salue les braves.

Ils étaient nombreux ceux qui suivaient, ils seront plus nombreux un jour, courage !

Entrez aussi dans nos églises les dimanches et les jours de fêtes, et comptez-nous si vous le pouvez. Nous sommes là autour de nos autels, pressés les uns contre les autres, coude contre coude, cœur contre cœur, tous animés d'une seule et même foi, d'un seul et même amour.

Suivant un pieux usage, qui date de 200 ans, le deuxième dimanche après Pâques, une cérémonie des plus touchantes nous réunissait dans nos temples pour y renouveler nos serments et nos vœux ; inutile de dire que personne n'a manqué à cet appel.

Avec quel élan, quel enthousiasme, nous avons chanté tous en chœur, le Credo, symbole de notre foi ! Avec quelle énergie, la main sur l'Évangile nous avons protesté contre les impiétés du jour, en reconnaissant et en proclamant hautement un seul Dieu, Créateur du ciel et de la terre, un seul Christ, Fils unique du Père, Rédempteur des hommes, et une seule Église catholique, apostolique et romaine.

Credo in unum Deum, creatorem cœli et terræ, et in unum Dominum Jesum Christum, filium Dei unigeni-

tum et in unam sanctam catholicam et apostolicam ecclesiam.

Si vous aviez assisté à cette pieuse fête, touchés de notre foi, vous eussiez été forcés de dire en sortant : « Oui ! là est réellement la vérité. » Comme les soldats, qui gardaient le Christ, à la vue de l'émotion générale qui se produisit à sa mort, se frappaient la poitrine en descendant du Calvaire et disaient entre eux : « Oui, celui-là était vraiment le Fils de Dieu. » En tout cas vous seriez sortis de nos temples convaincus que la lutte est impossible contre des hommes si résolus et si fermes dans leurs croyances.

Voilà donc ce qu'ont produit sur nous vos injures et vos menaces, un redoublement de ferveur dans nos âmes, un accroissement de forces considérables, une résolution énergique dans la pratique de tous nos devoirs, un attachement inviolable à l'Église, un dévouement sans bornes, un courage indomptable.

Vous n'avez donc pas de profit à nous faire la guerre, nous gagnons toujours ; la mort même pour nous est un gain.

Le sang de nos martyrs devient une semence de chrétiens, *sanguis martyrum, semen christianorum.*

Tels sont les vrais enfants de l'Église.

Vous ne les changerez pas.

III

Les ruses de l'ennemi, ses desseins.

Il existe une sorte d'ennemis qui paraissent nous faire une guerre moins ouverte, mais qui n'en sont pas moins à craindre.

Ils ont le soin de se déguiser sous la peau de brebis, mais c'est pour mieux nous dévorer. Ils se disent même nos amis. Ils ne pratiquent pas notre foi, mais ils ont pour elle le plus profond respect.

Au besoin, ils iraient embrasser les pieds du pape qu'ils vénèrent : de vrais tartuffes enfin, la plupart vieux rénégats. Ils ne veulent donc pas détruire l'Église. Ils demandent seulement qu'elle soit séparée de l'État et cela dans ses propres intérêts, disent-ils, afin qu'elle soit plus libre et plus indépendante dans son gouvernement, mais au fond ils espèrent que, n'étant plus soutenue par l'État, elle tombera d'elle-même : comme si l'Église devait jamais périr.

On nous laissera prier dans nos temples librement

d'abord, puis avec certaines réserves, à certains jours, à certaines heures.

Bientôt même nos prières en commun leur deviendront suspectes. On nous accusera de conspirer dans nos sanctuaires et on nous les interdira.

Ce jour-là, secouant enfin la peau de brebis qui les étouffe, ces mêmes hommes se montreront ouvertement tels que nous les dépeint l'Évangile, c'est-à-dire de véritables loups affamés. Ils renouvelleront contre nous toutes les horreurs du passé avec même plus de rage, parce qu'ils prétendent que leurs devanciers nous ont trop ménagé puisqu'il reste encore de cette maudite race cléricale.

Nos contemporains, mieux avisés, emploieront sans nul doute, des moyens plus efficaces pour nous exterminer sans retour. Nous connaissons assez leur haine et leur soif de vengeance pour prédire ce qu'ils feront de nous quand ils auront le pouvoir.

Du reste, déjà même les plus pressés et les plus hardis ne s'en cachent pas. « Au nom du patriotisme, écrasons l'ultramontisme ». a dit un premier, trop haut placé pour que je le nomme. « Que les républicains forment un bataillon carré contre l'internationale noire », a dit un second, occupant le même rang.

« Où est la réaction ? dit un troisième, non moins connu par ses écrits. Elle est à Rome, dans le palais des papes : là est son centre d'action, là nous devons l'attaquer et la détruire. Le catholicisme est le grand adver-

saire de la Révolution. C'est à la Révolution qu'i
appartient de l'anéantir ; mais la Révolution ne peu
s'accomplir que par la force, et cette force est en nous
nous vaincrons. »

Un quatrième : « il faut étouffer le papisme dans l
boue, sus aux prêtres catholiques. » Un autre : « L
devoir de tout vrai libéral est de travailler à arrache
les âmes à l'Église. » Que d'autres, qui se croient plu
habiles masquent leurs pensées et se défendent de vou
loir attaquer la sainte religion de leurs pères, nous
disons, nous avec Voltaire :

« Il faut écraser l'infâme. Foin des vieilles et absurdes
croyances. » « Le cléricarisme, voilà le mal, » a dit un
un autre que je n'ai pas besoin de nommer. Il est assez
connu. Un autre encore « comme socialistes nous voulons dans l'ordre religieux l'anéantissement de toute ré-
ligion et de toute Église. » Que la science moderne marche
tête levée en dehors de toute révélation divine, et si le
pouvoir nous est donné, nous en ferons disparaître les
traces de toute la terre.

Et voulez-vous savoir comment s'accomplira leur
vengeance, lisez la *Gazette de Liège* du 23 février
dernier.

« Les forteresses de la superstition, du fanatisme,
s'appellent couvents, monastères séminaires, grands et
petits, presbytères, chapelles, sanctuaires, églises,
cathédrales. Tous ces antres de la théocratie, toutes
ces pagodes catholiques doivent disparaître. Nous ne

devons pas souffrir, nous, les ennemis du catholicisme, qu'une de ces basiliques se dresse sur la terre pour menacer nos croyances philosophiques. Brûlons les emblèmes de l'idolâtrie romaine, confessionnaux, croix et bannières, statues et images, missels, scapulaires, amulettes et reliquaires. Détruisons de fond en comble couvents, monastères, séminaires, presbytères, chapelles, sanctuaires, églises et cathédrales. Mais l'œuvre de la justice ne doit pas souffrir de retard pour son accomplissement aux époques de la Révolution. Dans le même jour où le peuple sera victorieux, il devra procéder à l'embrasement des repaires du fanatisme dans les villes et dans les campagnes sur tous les points à la fois.

« Voici de quelle manière, peuple, il faut opérer pour détruire les forteresses de la superstition. A l'intérieur des monuments, tu placeras un lit de pailles, de poutres, de débris de bois ; sur ces matériaux, tu auras soin de disposer à des intervalles de 5 à 6 mètres des barils de pétrole, d'huile, de goudron ou d'essence d'alcool ou tout ce que tu auras à ta disposition pour alimenter l'incendie.

« Une étincelle suffira pour faire éclater l'embrasement. La chaleur intense, produite par l'amoncellement des matières inflammables, calcinera les pierres, transformera les matières en chaux, fera couler en laves ardentes les supports en fer et en fonte. Les édifices s'abîmeront sous leur propre poids et tout sera fini. »

Est-ce clair ? Est-il besoin de commentaire ? On me

dira peut-être, c'est la frénésie de l'impiété que vou[s]
nous racontez là, vous ne devez pas vous en inquiéter
C'est même donner trop d'importance à ces excès d[e]
fureur que de les rapporter. Le mépris seul en fai[t]
justice. Étrange aveuglement !

Faut-il donc vous rappeler des faits tout récents plu[s]
éloquents que nos paroles ?

Regardez autour de vous : Ne voyez-vous pas no[s]
palais en ruines ? Ne sentez-vous pas cette odeur d[e]
pétrole qui s'exhale de tous nos monuments ? Ne vou[s]
semble-t-il pas entendre les cris de nos otages tomba[n]
sous les coups d'infâmes assassins ?

C'est hier que ces choses se sont passées et vous n'[y]
pensez même plus ; ou si vous y pensez, c'est pou[r]
demander grâce en faveur de ces misérables qui seraie[n]
prêts à recommencer leurs sanglants exploits, si un cou[p]
de révolution les rendait de nouveau maîtres de Paris e[t]
de la France.

Et vous voulez que nous soyons rassurés ? Vous dite[s]
que nos craintes sont exagérées ?

Quel crime faudra-t-il donc commettre pour vous
réveiller de ce fatal sommeil ?

Ah ! Messieurs, vous si insouciants, si indulgent[s]
pour de grands coupables et si sévères pour d'honnête[s]
citoyens qui n'ont que le tort d'appartenir à l'Églis[e]
catholique et de rester fidèles à la foi de leurs pères,
prenez garde : vous jouez là un bien mauvais jeu. Vou[s]
pourriez bien être les premières victimes. Ai-je besoin d[e]

vous rappeler l'histoire de nos révolutions ? vous la connaissez aussi bien que moi. Vous savez avec quelle rapidité effrayante les promoteurs de ces révolutions se succédaient à l'échafaud. Les chefs de file tombaient les premiers. C'était justice. Camille Desmoulins, qui le premier souleva le peuple, ne fut-il pas aussi le premier qui tomba sous ses coups ? « Le peuple, dit avec raison Félix Piat, est un grand logicien qui ne manque jamais de conclure. » C'est une chose horrible que de tomber entre les mains de ce fléau de Dieu ; une fois déchaîné qui de vous se chargera de l'arrêter.

Ne donnez donc pas raison à l'insurrection comme vous le faites si légèrement et ne riez pas de nos alarmes. Dieu veuille que nos terreurs soient puériles et que nous ayons tort de les manifester.

Mais quels sont donc vos griefs pour nous haïr de la sorte ? Quel mal avons-nous fait ? je vous le demande. Sommes-nous de mauvais citoyens parce que nous ne partageons pas vos opinions ? Est-ce que nous avons marchandé notre vie lorsque la patrie nous l'a demandée ? Ne donnons-nous pas tous les jours de nobles exemples d'abnégation et de courage ? Enfin ne payons-nous pas largement à la France l'impôt de l'or et du sang ? Que nous reprochez-vous donc ? D'être catholiques ; mais oui, nous le sommes, nous l'avons assez dit. Nous ne songeons nullement à nous en cacher, il me semble, et pour ce nom nous n'avons jamais pensé à vous demander grâce ou connivence.

Mais voyons ; ces catholiques, objet de vos plaintes e
de vos terreurs, que vous dénoncez du haut de vos tri
bunes et dans tous vos journaux, que vous poursuivez d
tous sarcasmes ; pour lesquels enfin vous demandez de
lois d'exception, que sont-ils après tout, que veulent-ils

Disons-le sans crainte et sans détour. Ayons l'audac
de l'affirmation. Il faut bien que l'on sache qui nou
sommes puisqu'on fait semblant de l'ignorer dans l
camp ennemi.

Oui, ces mêmes catholiques, que vous avez l'aplomb
de présenter comme une faible minorité parmi nous
forment au contraire la grande, l'immense majorité du
pays. Ils sont la nation elle-même : les catholiques
c'est la France : car ils sont le nombre, la force, le
talent, la fortune au service du bien. Ce qui, même d'a-
près vos principes modernes, constitue la substance
propre de la patrie. Et d'abord ils sont le nombre.

IV

Les catholiques sont le nombre.

D'après un dernier recensement on compte en France environ cent mille Israélites, un million de dissidents et trente-cinq millions de catholiques.

Je sais bien que dans ces trente-cinq millions de catholiques, un grand nombre a voulu effacer de son front le signe glorieux du baptême et a cessé de pratiquer la foi de son berceau. Mais je sais aussi que dans ce même recensement où comme appât on avait introduit la désignation inaccoutumée d'hommes qui n'ont aucune religion, sauf quelques milliers de français, formant cette fois à eux seuls une très-infime minorité, l'immense majorité a déclaré appartenir à la religion catholique, apostolique et romaine.

En France, on est souvent égaré, ce n'est pas une raison pour qu'on y soit apostat et ce serait une erreur d'inscrire les non pratiquants parmi les rénégats, comme le demandent certains de nos adversaires. Nous regardons toujours comme enfant de l'Église quiconque n'a pas renié sa foi lors même qu'il ne pratique pas.

Combien qui négligent leurs devoirs de chrétiens. Combien de ceux mêmes qui nous combattent aujourd'hui qui ne voudraient pas mourir hors de l'Église.

Voltaire lui-même, suivant des témoignages authentiques, n'a-t-il pas demandé un prêtre à son lit de mort. A l'approche de ce moment fatal, dit Harel, l'historien de sa vie, une nouvelle crise de désespoir s'empara de son âme : « Je sens, criait-il, une main qui me traîne au tribunal de Dieu. » Il demanda l'abbé Gauthier, mais les adeptes, présents dans l'hôtel, empêchèrent qu'un ministre de Dieu, recevant les derniers soupirs de leur patriarche, ne gâtât l'œuvre de la philosophie.

Les gens de la maison, à qui on avait d'abord imposé silence, racontèrent plus tard ce qu'ils avaient vu et on a recueilli leur témoignage, plus digne de foi assurément que celui de nos adversaires qui avaient tout intérêt à cacher la verité. Combien qui nous repoussent maintenant, qui feront comme Voltaire à l'heure de la mort.

Nos malheureux insurgés eux-mêmes n'ont-ils pas presque tous demandé un prêtre avant d'être fusillés. Couverts de sang et de pétrole ils se jetaient aux pieds de ce même prêtre que cinq minutes auparavant ils auraient voulu massacrer, et les larmes aux yeux, ils demandaient pardon à Dieu et à la société du crime qu'ils venaient de commettre, puis, se relevant avec courage, ils attendaient le coup qui devait les frapper.

Ces hommes ! Messieurs, qu'étaient ils ? des catholiques, des catholiques égarés et repentants.

Et ce n'est pas toujours au dernier moment, ni par conséquent par faiblesse ou vaine terreur, que l'homme revient à Dieu. Plus souvent c'est à la fleur de l'âge et avec pleine connaissance de cause. Que d'exemples ne pourrions nous pas citer.

Non ! non ! vous n'arracherez jamais du cœur de la nation ce germe de la foi.

La France restera toujours la fille aînée de l'Église. Un moment elle avait perdu ce titre glorieux. La Révolution la tenait sous son joug de fer ; on la croyait morte ; mais elle reparut et reconquit bientôt son auguste privilége et elle le garde.

Oui, notre pays est essentiellement catholique. Aucune autre puissance ne renferme autant d'éléments chrétiens. Associations religieuses : missions apostoliques, œuvres de charité, comités et cercles catholiques, servantes et magistrats mettant en commun leurs aumônes petites ou grosses, étudiants qui s'associent pour visiter ensemble les malheureux, œuvre de la sainte enfance, œuvres de la propagation de la foi, couvents et monastères, enfin toute une armée de chrétiens prise dans nos rangs, enrôlée sous la bannière de la foi, voilà ce qu'est la nation française.

Nous sommes donc le nombre, et puisque, dans vos principes modernes vous admettez vous-mêmes sa souveraineté et sa puissance, concluez.

Ce ne sont donc point les quelques milliers d'électeurs qui vous envoient à la Chambre qui constituent la majorité de la France, et quand vous venez nous dire avec emphase que vous êtes la nation, vous mentez.

Vous êtes l'audace, mais non pas le nombre.

V

Les catholiques sont la force.

Non pas seulement cette force matérielle que pourrait
nous donner la présence simultanée d'innombrables
catholiques dans les armées, sur les flottes et dans toutes
les administrations du pays. Mais cette force morale qui
s'accuse par ce trait singulier qui fait qu'à l'heure, où
vous dites que nous ne comptons plus, où vous déclarez
notre religion un pur souvenir, notre Église un édifice
vermoulu qu'un souffle renversera, nous tenons une
place immense, la place principale dans le monde
contemporain.

Avec plus de raison, pourrions-nous dire, comme Ter-
tullien, aux sénateurs romains :

Nous sommes dans vos Assemblées, dans la magistrature, dans les sciences et les arts.

Nous peuplons vos citadelles, vos maisons et vos
palais. L'étendard du Christ flotte sur tous nos monuments.

Quant à notre courage, vous n'oserez pas, je pense, nous le contester. On n'a jamais entendu dire qu'un de nous ait faibli devant l'ennemi. Sur tous les champs de bataille le sang catholique a coulé à flots et a donné de nobles exemples.

Ils sont innombrables ceux des nôtres qui sont morts en combattant. Dans un seul de nos colléges on compte 92 élèves tués à l'ennemi aux dernières guerres.

Leurs noms sont inscrits sur les murs de Sainte-Geneviève, cet établissement qui a été si indignement calomnié par des lâches.

L'armée les a vus combattre et les a proclamés braves entre les braves. Et comment ne le seraient-ils pas ? Le Français qui combat pour sa patrie et pour son Dieu ne craint pas la mort.

Il dit un dernier adieu à son pays, à sa famille, fait son signe de croix et meurt en souriant.

Nos enfants allaient au feu, le frère avec le frère, l'aîné conduisant le plus jeune par la main. C'est ainsi que sont morts les Duvelle, Paul et Joseph, les Nyvenheim, Auguste et Charles, retrouvés tous deux sur le champ de bataille de Mars-la-Tour.

Charles écrivait à sa mère : « Nous allons nous battre à l'instant : je porte à mon cou le chapelet de ma grand'mère : j'ai élevé mon âme à Dieu et je suis prêt à mourir. » Il faut aussi parler des Henry. Ils étaient trois frères et tous trois tombèrent sur le champ de bataille. Le père mourut de douleur et deux enfants de Paul Henry suivirent leur père. La pauvre veuve portait six deuils à la fois.

Louis et Charles de Cléry sont aussi morts ensemble. Le plus âgé, Louis, avait vingt-trois ans, le plus jeune, Charles, vingt ans seulement.

Tous deux étaient sous-lieutenants aux chasseurs à pied. Charles tomba à Gravelotte le 16 août, Louis à Haguenau, le 19.

Dieu ne les sépara que pendant deux jours. Ils avaient combattu le bon combat. Leur digne mère écrivait quelques jours après : « Ils étaient bons, honnêtes chrétiens et ils ont fait noblement leur devoir ; de cela du moins nous remercions Dieu qui nous les a ravis. » Et ces exemples d'abnégation et de courage ne sont pas rares chez nous.

Nous ne parlerons pas de nos prêtres ni de nos frères des écoles chrétiennes. Leur patriotisme et leur dévouement vous sont trop connus. Eux aussi ont fait noblement leur devoir. Lisez nos prêtres et nos religieux pendant la guerre de 1870 et 1871 par C.-J. Grand. Les traits de courage y fourmillent. Les jours de grande bataille on voyait nos frères de grand matin, par un froid vigoureux, traverser Paris au nombre de 3 ou 400 salués par la population, le frère Philippe en tête, malgré ses quatre-vingts ans, se rendant au champ d'honneur.

Au milieu du combat ils affrontaient le feu comme s'ils n'avaient fait que cela toute leur vie.

« Mes frères leur criait un de nos généraux un jour

qu'ils s'aventuraient devant l'ennemi pour recueillir les blessés, l'humanité et la charité n'exigent pas qu'on aille si loin. »

Vous n'avez donc pas besoin d'imposer le service obligatoire à ces hommes généreux. Ils sont les premiers levés quand la patrie est en danger. Vous n'avez qu'à les suivre. Le faites-vous ? Nous connaissons plusieurs des vôtres qui ont su se mettre à l'abri au moment du péril. Ce sont ceux-là qui crient le plus aujourd'hui, et ils se montrent d'autant plus audacieux qu'ils s'adressent le plus souvent à des hommes sans défense.

« Abominable tactique d'autant plus lâche, dit Mgr Dupanloup, qu'elle s'attaque la plupart du temps à des hommes qu'un vêtement particulier désigne à tous les regards, et en temps de révolution à tous les attentats. S'ils avaient affaire à des sous-lieutenants, ces Messieurs y regarderaient à deux fois avant de les insulter. » Mais nous ne sommes pas des hommes d'épée, celui qui se servira de l'épée, périra par l'épée, nous dit le Maître ; ce qui ne nous empêche pas, je le répète, d'être les premiers sur le champ de bataille quand le devoir nous y appelle. Nous vous montrons le chemin.

Ne dites donc pas que la religion énerve nos âmes et paralyse nos forces. Vous mentez à vos consciences en proférant de pareilles infamies, car vous savez bien le contraire. Est-ce qu'ils ont craint la mort ces vingt millions de martyrs qui font la gloire de l'Église ? où sont donc les vôtres, Messieurs les libres penseurs ?

Montrez nous vos chevalets, vos peignes de fer, vos grils et vos bûchers? Voilà comment on prouve qu'on a du courage et le mépris de la vie.

Vous remplissez parfaitement le rôle de persécuteurs et de bourreaux, C'est tout votre mérite.

A nous donc le dévouement, l'héroïsme et la force. A vous l'égoïsme, la pusillanimité, la lâcheté, quelquefois même la trahison.

Ah ! nous vous connaissons. Nous savons avec quelle dextérité vous avez le soin de vous soustraire au danger. Après avoir lancé le peuple au feu, vous le laissez se débattre au milieu de convulsions horribles, tandis que sous un déguisement quelconque vous passez la frontière ; où vous vous tenez cachés jusqu'à ce que de nouveaux évènements vous rappellent. N'entendez-vous pas déjà leurs cris sinistres. Ils sont là comme des oiseaux de proie prêts à fondre sur vous ; malheureux peuple, prenez garde !

VI

Nous sommes le talent.

Au milieu du siècle des lumières, les catholiques ne font pas, que nous sachions, trop tache par leur ignorance. Nos littérateurs, nos orateurs, nos publicistes valent bien au moins les publicistes, les orateurs, les écrivains de l'erreur.

Il est inutile de les nommer, ils sont assez connus. Nous avons désigné les principaux de notre époque aux premières pages.

Nos ennemis nous repoussent de l'enseignement avec des terreurs puériles qui prouvent leur infériorité.

La première des libertés qu'ils menacent de nous ravir, c'est celle d'enseigner.

Ils ont tout lieu de nous craindre. Nos enfants dans des concours où la faveur n'est pour rien, remportent tous les ans des victoires qui sont à elles seules une démonstration.

Vous n'avez qu'à lire nos distributions de prix pour vous en convaincre.

Nous pourrions en dire autant de nos examens supérieurs, et pour ne citer que deux exemples : à Toulouse, sur 30 élèves admissibles à l'école de Saint-Cyr, 21, appartenant au collége des Jésuites, ont été reçus cette année ; à Bourges, sur 19 candidats admis, 17 sortaient de l'université catholique.

Pour prouver à quel point les catholiques sont attardés il y aurait donc pour nos adversaires quelque chose de plus décisif à tenter : au lieu de les accuser, il faudrait les vaincre ; or, je l'avoue, ce renversement de rôles actuels, si souvent annoncé, nous l'attendons encore.

Et l'on ose nous dire que les enfants de nos écoles perdent leur temps à apprendre leur catéchisme ?

Comment se fait-il que les vôtres moins absorbés par l'étude des choses saintes arrivent toujours les derniers aux examens ?

Comment se fait-il que nos professeurs religieux qui consacrent tant d'heures aux exercices de piété, trouvent encore le moyen de vous surpasser ?

En tous cas, est-ce que la science divine ne doit pas primer toutes les autres ? *Non in solo pane vivit homo.* Ce que l'homme doit savoir avant tout c'est qu'il a été créé par Dieu et qu'il n'est sur la terre que pour le connaître, l'aimer, le servir et par ce moyen opérer son salut. Tous nos efforts doivent tendre à cette fin unique. La raison et la foi nous le disent.

Je défie le libre penseur lui-même, s'il est sincère, de nier ces vérités fondamentales. Connaître et adorer Dieu doit être notre première occupation. Les catholiques le comprennent et le pratiquent mieux que tout autre assurément. Cependant le catholicisme ne proscrit pas la science ; au contraire, il a toujours combattu l'ignorance. N'est-ce pas lui qui a fondé les universités dont vous vous êtes emparés à son détriment ? N'est-ce pas lui qui a favorisé toutes les découvertes utiles ? N'est-ce pas encore lui, qui a conservé à travers les siècles, ce précieux dépôt des œuvres scientifiques que nous admirons et qui nous sont si avantageuses.

N'est-ce pas le catholicisme qui a enfanté ces génies qui font notre orgueil ?

Orateurs, historiens, philosophes, écrivains et docteurs, ne manquent pas à l'Église.

Nous avons parcouru toutes les branches des sciences et des arts. Vous n'avez donc pas à nous reprocher notre ignorance.

Cependant nous n'admettons qu'une science vraie ; celle qui ne peut marcher en désaccord avec la foi puisque la science et la foi sont deux flambeaux allumés au même soleil qui est Dieu. Nous combattons la fausse science, l'erreur présomptueuse et superbe qui ne prétend relever que d'elle-même, foulant aux pieds toutes les révélations divines, et aboutissant à égarer les hommes.

Nous nous élèverons toujours contre ces esprits rebelles et orgueilleux qui veulent chasser Dieu de partout, qui lui refusent même l'œuvre de la création, et qui vont jusqu'à nous donner pour père un vil animal. Les païens avaient donc raison d'adorer les serpents, les chiens et les chats. Et voilà où nous en sommes en plein XIX° siècle. Triste aberration de l'esprit humain, abandonné à lui-même. Ah ! combien plus éclairée est notre science qui s'appuie sur la révélation divine. Tout s'explique, tout s'enchaîne admirablement. Nous savons que nous venons de Dieu et que nous devons retourner à lui, pour recevoir la récompense ou le châtiment que nous aurons mérité suivant nos œuvres.

Nous savons que, par les mérites infinis de notre Rédempteur, nous pouvons acquérir une gloire infinie. La foi, l'espérance et la charité font de nous des héros et des saints.

Telle est la vraie science ; toutes les autres sans elle ne sont rien ; nous ne les admettons qu'autant qu'elles se rapportent à Dieu. C'est pourquoi nous ne les négligeons pas, au contraire nous les poursuivons jusqu'aux dernières limites, et sur ce point encore, je le répète avec orgueil, depuis le commencement de l'Église jusqu'à ce jour, nous avons tenu et nous tenons toujours le premier rang.

Et cela n'est pas étonnant ; nous puisons à la source même de toute lumière. « Allez et enseignez les nations, nous a dit le maître par excellence. Je serai avec vous jusqu'à la consommation des siècles. »

C'est pourquoi soutenus par la force même de Dieu, nous sommes et nous serons toujours vos maîtres.

VII

Nous sommes la fortune au service du bien

Non pas certes que la richesse soit catholique de sa nature et que les gros capitaux viennent instinctivement de nos côtés. C'est plutôt le contraire qui serait la vérité. Mais je veux dire que là où la vertu chrétienne nous inspire des sacrifices personnels, avec nos ressources ménagées bien que restreintes, nous catholiques qui sommes libres après tout de faire de notre or ce qui nous plaît davantage, nous parvenons à réaliser le bien dans de larges proportions. Avec nos seules ressources nous bâtissons de nombreux hospices, qui sont de véritables palais, pour recueillir les malades et les infirmes. Nous créons des maisons d'asile pour les vieillards, les veuves et les orphelins.

Quand il a plu à nos honorables conseillers de supprimer les subventions habituelles à nos établissements de secours, nous y avons aussitôt pourvu, et grâce à nous, nos pauvres sont assurés de ne pas manquer.

C'est ainsi que nous prouvons au peuple que nous sommes ses vrais amis.

Toujours en haine de la religion, la majorité de la Chambre a demandé et obtenu la suppression des aumôniers militaires, tandis qu'elle votait de nouveaux crédits pour leurs écoles laïques ou athées.

Le beau triomphe ! mais qu'on se rassure, nous aviserons encore et, quoi qu'il arrive, nos enfants ne manqueront pas non plus de secours religieux nécessaires en tout temps, mais principalement en temps de guerre.

Du reste, nous n'avons pas dit notre dernier mot sur cette loi inique.

Par l'impôt nous payons notre large part de l'enseignement officiel, qui nous est parfois si contraire, et néanmoins c'est nous-mêmes et nous seuls qui payons de nos deniers le nôtre, lorsque nous avons obtenu de le distribuer à la jeunesse française. Nos adversaires sont étonnés des immenses ressources que nous avons pu réaliser en si peu de temps pour fonder nos universités catholiques, tandis qu'ils sont forcés de prendre à notre bourse pour entretenir les leurs. C'est que, voyez-vous, on n'a pas confiance en vous ni en vos principes. Enfin nous trouvons annuellement des millions pour nourrir dans tout l'univers les innombrables apôtres de la foi catholique, et pour assister en Europe la misère dans tous ses réduits.

Et pour tous ces sacrifices, si lourds soient-ils, nous ne réclamons aucun éloge, parce qu'en faisant cela, nous remplissons simplement un devoir. Nous n'abusons nullement des biens que Dieu nous donne. Nous n'en sommes que les dépositaires fidèles et nous nous en servons uniquement pour sa gloire et le salut des âmes, qui est le seul et véritable but que doit se proposer tout homme sur la terre. Que lui sert-il, en effet, de gagner le monde entier, s'il vient à se perdre lui-même, nous dit Jésus-Christ. *Quid prodest homini si universum mundum lucretur, animæ vero suæ detrimentum patiatur.*

Pénétrés de ces sentiments de bienveillance et de foi, nous accomplissons des prodiges de charité avec les moyens que Dieu nous met en main, et vous, qui cherchez à nous les ravir, vous commettez un horrible sacrilége, car ce sont nos pauvres mêmes que vous dépouillez ainsi ; et vous n'ignorez pas quel sera le sort réservé aux voleurs et aux oppresseurs de l'humanité souffrante.

Que les ravisseurs et les spoliateurs de l'Église tremblent donc ; car la colère de Dieu ne tardera pas à s'appesantir sur eux. La mesure est comble.

Voilà donc l'usage que nous faisons de nos biens et le prix que nous en attendons.

Il n'est pas étonnant que notre devouement aille jusqu'au sacrifice, jusqu'à la folie du bien.

Nous sommes donc le nombre, la force, le talent, la fortune, au service du bien. — Plus tard nous vous dirons que nous sommes aussi la liberté, l'égalité, la fraternité. Ce sera le sujet de trois autres brochures.

VIII

Non l'Église ne périra pas.

Oui ; nous sommes tout ce que nous venons de dire dans les chapitres précédents, et pourtant c'est nous que vous avez l'aplomb de présenter comme des rétrogrades. A vous entendre, on dirait que c'est nous qui sommes les enfants des ténèbres et que vous seuls tenez dans vos mains le flambeau de la vérité. Il faut reléguer à l'arrière ban une doctrine trop incommode dans ce siècle de progrès. L'Église n'a plus sa raison d'être, elle est usée. Enfin comme on nous dit toujours : elle a fait son temps. Ce langage n'est pas nouveau. On disait cela quand la Réforme armait la main des princes et des peuples contre le catholicisme. — On disait cela, quand Voltaire et Rousseau sapaient jusque dans ses fondements la doctrine évangélique. — On disait cela, quand la Révolution tuait nos prêtres, renversait nos autels et substituait à la croix du Sauveur l'idôle de la raison.

Oui, on a dit cela bien souvent, et pourtant n'en

déplaise aux sinistres pronostiqueurs de tous les âges nous sommes toujours là. Nous avons survécu au glaive des tyrans, à l'hérésie des apostats plus dangereuse encore ; enfin aux cruelles persécutions et aux tourments inouïs qui n'ont cessé de fondre sur nous depuis notre origine.

Si l'Église avait dû périr, elle ne serait déjà plus, car on n'a rien épargné pour la détruire. Mais ni les coups, ni la prison, ni la mort n'ont pu l'ébranler. Vous ne pouvez être ni plus cruels que les Néron, ni plus habiles que les Julien l'apostat et autres hérétiques ou persécuteurs de la foi catholique. Que reste-t-il aujourd'hui de toutes ces diverses sectes qui si souvent ont ravagé l'Église de Jésus-Christ ? Que reste-t-il du passage de nos tyrans qui pendant trois cents ans ont fait couler à flots le sang de nos martyrs ? Que sont devenus les Ariens, les Nestoriens et autres hérétiques des premiers siècles ?

Tous ont disparu dans la nuit des temps et l'Église reste. Vous ne réussirez pas davantage à la renverser, qui que vous soyez.

Si vous n'aviez pas l'histoire et l'expérience des siècles pour vous convaincre de l'inutilité de vos efforts, vous pourriez conserver quelque espoir. Mais vous le voyez, l'hérésie a passé sur nous, le fer et le feu nous ont éprouvés tour à tour. Nous sommes debout sur des ruines et nous tenons toujours ferme le drapeau de la foi. Tous vos sophismes tomberont de même devant la vérité catholique qui est une, sainte, éternelle.

Non ! l'Église ne périra pas.

Il est vrai qu'elle subit dans ce moment une crise épouvantable. Quand nous portons nos regards sur les divers points du monde catholique, nous apercevons le triste et douloureux spectacle d'un amas immense de ruines causées par les plus cruelles perfidies de nos ennemis.

Nous voyons le père de la catholicité toute entière, notre vénéré pontife, enfermé dans un palais qui n'est plus que la prison de Pierre, moins les liens, mais cela viendra.

Nous voyons tous les droits de l'Église foulés aux pieds et violés, nos évêques exilés ou emprisonnés, nos temples profanés, nos prêtres insultés, nos couvents et nos monastères devenus la proie des ravisseurs. La ville sainte entre les mains de l'athéisme et de l'impiété. Baal siégeant à côté du Christ, autel contre autel.

En considérant ce vaste champ de décombres et de ruines accumulées avec les dépouilles de l'Église de Jésus-Christ, Dieu ne pourrait-il pas nous demander comme à Ezéchiel en présence des ossements dispersés dans la plaine, pensez-vous que ces ossements puissent revenir à la vie ? oui, répondrions-nous avec assurance, ils ressusciteront parce qu'ils appartiennent à l'Église de Jésus-Christ, et que l'Église de Jésus-Christ ne doit point périr.

Ces ruines se relèveront, nous en sommes certains, mais auparavant, elles éprouveront aussi leur com-motion. *Et ecce commotio.*

Et la commotion paraît déjà. C'est une commotion, que l'agitation des peuples catholiques dans de si nombreux pélerinages.

C'est une commotion, que cet empressement des fidèles autour de nos chaires chrétiennes.

C'est une commotion, que l'écho de ces prières ferventes qui s'élèvent vers Dieu dans les temples sacrés. Et les tribunaux de la pénitence assiégés, et les tables eucharistiques mieux fréquentées, et ces œuvres de charité qui se multiplient de toute part, tout prouve que parmi les ruines de l'Église de Jésus-Christ il y a commotion. Que si les membres ne reviennent pas encore à place pour former leurs corps primitifs, c'est parce qu'ils en sont empêchés par les ouragans et les tempêtes qui reçoivent l'impulsion d'en haut et ne cesseront de battre le rocher, qui est l'Église, qu'il ne soit entièrement poli et purifié de toute souillure. Quand ces taches auront disparu, faudrait-il un peu de notre sang pour les laver, Dieu nous consolera et à la présente commotion succèderont les triomphes futurs. Il tendra une main miséricordieuse à notre mère affligée et, après l'avoir délivrée des chaînes dont l'ont chargée ses ennemis et persécuteurs, il la couvrira d'un vêtement d'or, et la fera asseoir comme une reine à la droite de son divin fondateur : *astitit regina à dextris tuis in vestitu de aurato.*

Oui, l'Église sortira de ses ruines plus glorieuse et plus belle que jamais.

Elle nous apparaîtra au milieu de cette résurrection générale, resplendissante comme le soleil, un sceptre de fer dans la main, une couronne de diamants sur sa tête et à ses pieds ses oppresseurs vaincus et humiliés.

A son aspect les méchants seront saisis de terreur, tandis que ses enfants heureux et fiers chanteront enfin l'hymne d'actions de grâce. *Te Deum laudamus... Te per orbem terrarum sancta confitetur ecclesia.*

Ne dites donc pas que l'Église a fait son temps parce qu'elle est aujourd'hui gémissante et dans la douleur. C'est l'heure des ténèbres, c'est la vôtre et vous en profitez, on le voit. Jésus-Christ a connu cette heure des ténèbres quand il s'est livré à ses ennemis : *transeat à me calix iste,* s'est-il écrié dans un moment d'angoisse.

Cette heure a passé et le Christ est sorti glorieux de son tombeau pour régner éternellement : *cujus regni non erit finis.*

Notre heure passera aussi et notre règne reviendra, nous en sommes certains. Seulement sachons attendre, soutenons le choc, *exspecta Dominum, sustine.* Le triomphe des pécheurs ne sera pas éternel. Tout à l'heure ils vont se châtier eux-mêmes et disparaître. Quand ils périront, vous verrez Dieu : *cùm perierint peccatores, videbis.* — C'est donc en vain que vous cherchez à nous effacer de la scène du monde, vous tous qui nous combattez. Notre rôle n'est pas près de finir. Il doit se continuer jusqu'à la fin des siècles. Il est utile, il est nécessaire que nous soyons parmi les enfants des hommes pour les éclairer et les guider dans la voie de la justice et de la vérité.

« Allez, nous a dit notre divin Maître, enseignez toutes les nations : *docete omnes gentes.*

« Annoncez la vérité à vos semblables.

« Apportez-leur la lumière, la sagesse et la force que je vous ai communiquées moi-même.

« De ce jour, je vous fais mes docteurs et mes apôtres, *docete, ite, vos estis sol terræ, lux mundi.* »

Telle est la mission sublime que nous avons reçue de notre Maître adorable et que nous accomplissons depuis bientôt deux mille ans avec un certain succès, nous pouvons le dire, car nous avons fait le monde ce qu'il est.

Ce n'est donc pas nous qui sommes des rétrogrades.

C'est vous, philosophes antichrétiens, qui, par vos maximes impies, nous ramèneriez bientôt aux siècles de la barbarie.

C'est vous qui, par la destruction de toutes les croyances non-seulement religieuses, mais même rationnelles, admises dans tous les temps, chez tous les peuples, avilissez l'homme au point de le rendre entièrement semblable à la brute.

C'est vous qui, en substituant le Dieu de Baal au Dieu des chrétiens, enlevez à l'homme toute sa dignité, toute sa grandeur et le livrez ainsi à tous les caprices des plus honteuses passions.

Que pouvez-vous espérer alors d'un être ainsi dégradé, et pourquoi aurions-nous fait itant de sacrifices et d'efforts pour moraliser les peuples slils doivent retomber un jour dans leur état primitif? Ce qui arrivera certainement si vous ne mettez un frein aux passions qui s'agitent autour de nous et si vous ne placez pas Dieu et son Christ à la tête de la civilisation.

Ce n'est que par ce moyen, je vous l'affirme, que vous rendrez les hommes honnêtes, vertueux et sages et que vous établirez parmi nous les vrais principes de Liberté, d'Égalité et de Fraternité, que vous nous promettez en vain depuis bientôt un siècle et que vous n'êtes pas capables de nous donner jamais par vous-mêmes.

IX

La République sera chrétienne
ou elle ne sera pas.

Après vous avoir dit que notre Église ne périra pas,
nous venons vous dire avec la même assurance que votre
République tombera si elle ne s'appuie pas sur nous.
Ce n'est pas moi qui le dis, c'est notre vénérable cardinal : la République sera chrétienne ou elle ne sera pas,
a-t-il répondu aux adversaires de l'Église.

Et ne croyez pas que nous soyons vos ennemis en
vous parlant ainsi, ni que nous cherchions à conspirer
contre vous. Nous sommes, au contraire, des hommes
de conciliation et de paix : nous voulons la paix, nous
la désirons de toute notre âme.

Le vrai chrétien cherche à persuader et convaincre
celui qu'il combat et non à l'écraser et à l'humilier. Ce
n'est donc point par un sentiment de haine ni par esprit
de parti que nous vous résistons. Nous sommes avant
tout catholiques français, et à ce titre nous nous devons
entièrement à Dieu et à notre pays, sous quelque régime

que ce soit. Nous sommes les enfants de l'Église et les enfants de la France en même temps, prêts à tous les sacrifices pour l'une comme pour l'autre. Tels sont nos sentiments bien connus de tous. Et que nous importe, à nous la forme des gouvernements, république ou monarchie, pourvu que la cause de Dieu n'en souffre pas. Soyez légitimistes, orléanistes, républicains ou bonapartistes, mais ne soyez pas hostiles à notre foi, c'est tout ce que nous vous demandons. Respectez donc tous nos droits, toutes nos libertés et nous serons avec vous, qui que vous soyez. Mais il est évident que nos préférences seront toujours acquises au pouvoir qui nous donne le plus de sécurité : et cela se comprend, c'est à vous républicains d'être assez sages pour les mériter. Or, vous faites le contraire.

Ce ne sont point, en effet, nos opinions politiques que l'on combat aujourd'hui. Ce n'est point parce que nous appartenons à tel ou tel parti.

C'est parce que nous sommes catholiques. Ce sont nos convictions religieuses, c'est notre foi, c'est notre Dieu que l'on attaque partout. Ce sont les personnes et les choses de l'Église que l'on insulte et que l'on dénigre. Écrivains et orateurs, sénateurs ou députés, sont à l'œuvre pour outrager le catholicisme.

On étale partout le plus grossier matérialisme, l'athéisme le plus effronté, la haine la plus furieuse contre la religion chrétienne. On fait assaut de sottises, de sophismes et de mensonges pour la combattre. Réunions électorales, programmes des radicaux dans les comités, discours et professions de foi des candidats, tous ont poussé le même cri, un cri de guerre, la guerre au christianisme.

Est-ce là de la politique, je vous le demande, et peut-on nous accuser de conspirer contre l'état des choses lorsque nous ne faisons que défendre notre foi.

Le catholique à quelque parti qu'il appartienne peut-il rester indifférent devant tant d'injures et d'audaces ?

Non, non, ce serait donner raison à l'impiété et notre silence serait plus qu'une faute, ce serait une lâcheté, un crime.

Pendant qu'il en est temps encore nous opposerons une digue puissante au flot qui monte et menace de nous engloutir.

Dussiez-vous nous couper le cou comme Hérode à saint Jean, nous vous répondrons hardiment comme le prophète, *non licet*, toutes les fois que vous porterez atteinte aux lois de Dieu et de l'Église. Il ne vous est pas permis, vous dirons-nous, d'attaquer ainsi les personnes et les choses saintes, *non licet*. Il ne vous est pas permis d'insulter impunément l'Église notre mère, ni de chercher à la dépouiller des biens qui lui sont propres, *non licet*. Il ne vous est pas permis de blasphémer le saint nom de Dieu comme vous le faites chaque jour avec tant d'audace dans tous vos journaux et tous vos discours, *non licet*. Comme le saint prophète nous vous reprocherons vos fautes ou vos scandales de quelque nature qu'ils soient : nous dévoilerons vos complots, nous combattrons vos projets impies. Oui, aux peuples et aux souverains comme aux républiques, nous aurons le courage de dire la vérité tout entière est, est, non, non.

Est-ce que Jésus-Christ ne la disait pas aux Pharisiens quand il leur reprochait ouvertement leur hypocrisie et leur dureté : quand il les appelait race de vipères, sépulcres blanchis. oppresseurs de la veuve et de l'orphelin.

N'espérez donc pas nous bâillonner comme vous cherchez à le faire en criant à l'empiètement toutes les fois qu'un de nous élève la voix pour protester contre vos injustices et vos blasphèmes, car d'après vous, tout est empiètement de notre part : c'est un empiètement que de réclamer pour nous les mêmes droits, les mêmes libertés que vous possédez : c'est un empiètement que d'élever nos enfants catholiquement, au lieu d'accepter les principes modernes parmi lesquels cependant se trouve la liberté de croire ce que l'on veut : empiètement que de combattre toutes vos fausses doctrines : empiètement que notre présence dans la magistrature, dans l'armée et dans toutes les administrations du pays. Enfin notre existence même est devenue un empiètement. Mais c'est vous qui voudriez empiéter sur tout. au dedans et au dehors.

Dans ce moment même, après avoir empiété sur le pouvoir temporel du pape, ne cherchez-vous pas à empiéter sur son pouvoir spirituel.

Ne voudriez-vous pas soumettre l'Église à tous vos caprices ; faire de nos évêques et de nos prêtres des apostats salariés ? En un mot imposer à nos consciences des lois et des doctrines sacriléges ? Où est la violence, où est le despotisme, sinon de votre côté.

Le pape du fond du Vatican nous fait savoir que sa parole est captive, et que son indépendance spirituelle est atteinte malgré les traités et les promesses qui lui ont été faites. Nous demandons de nouvelles garanties contre cet état de choses, et nous le faisons non pas seulement au nom de la France, mais au nom de la catholicité toute entière. Revenez au traité, vous disons-nous. Garantissez au chef de l'Eglise son indépendance spirituelle que vous lui aviez promise et qui lui est indispensable pour la direction de nos âmes : laissez-nous enfin notre foi intacte, nous vous abandonnons le reste.

Est-ce de l'empiètement. Voilà pourtant ce que nous vous disons et ce qui a été dit par notre souverain pontife lui-même et sa parole est plus digne de foi que celle du ministre déchu qui a osé la démentir. — Et c'est ains qu'à l'aide de vos infâmes mensonges vous soulevez les masses contre nous, en leur persuadant que nous sommes des perturbateurs de l'ordre public, des ennemis de notre pays, des conspirateurs dangereux.

C'est ainsi que vous excitez la haine des partis contre de paisibles citoyens qui ne demandent que la paix et la concorde de tous les peuples. Vous allez même jusqu'à provoquer la colère de nos voisins contre la nation toute entière, par d'indignes manœuvres. S'il y avait péril de guerre, c'est vous qui l'auriez créé en excitant leurs défiances contre nous. Et vous vous dites des patriotes, les amis de la France ? Mais tout vous est permis dans ce moment, car vous êtes nos maîtres, vous nous le faites bien sentir par vos exigences continuelles, comme vous l'avez fait à la Chambre par vos invalidations de tout ce qui était catholique ; par toutes les lois que vous avez votées contre nous et par toutes celles à voter, dont les projet sont déposés au bureau de la Chambre telles que suppression du budget des cultes, séparation de l'Église et de l'État, suppression de l'enseignement dans l'école, enseignement obligatoire et laïque, expulsion prochaine des religieux et religieuses de toutes les écoles publiques, etc., etc.

Et encore s'arrêteront-ils là ! eh bien, non, ils sont vainqueurs, mais ils ne sont pas satisfaits. Ils n'ont fait qu'un pas, une première étape dans leur marche en avant. Ils iront lentement, disent-ils, mais sûrement. Ils n'osent pas encore réaliser tout leur programme. Ils savent que la France reculerait épouvantée, mais eux ne reculeront pas, leurs paroles et leurs actes le disent assez. Non, non, il n'y a pas d'illusion à se faire et ceux qui ne voient pas le péril, c'est qu'ils ne veulent pas le voir.

Ce n'est pas un cri d'alarme que nous faisons entendre, Dieu nous garde. Mais quand une nation en arrive à ce degré d'égarement que les coups de foudre au lieu de l'éclairer l'aveuglent, qu'elle ne sent plus le mal qui la dévore, quand on appelle le bien, mal, et le mal, bien, et qu'on prend le poison pour le rémède ; quand de plus l'ennemi trouve des dupes et des auxiliaires dans ceux-là même qu'il menace et qui devraient réunir contre lui tous leurs efforts, n'y a-t-il pas lieu de se demander si une telle nation est guérissable et si le mouvement lent ou rapide qui l'emporte aux abîmes n'est pas devenu irrésistible.

Et vous voulez que nous qui avons des yeux pour voir, nous ne vous disions pas, gare ?

Lorsque Monseigneur Dupanloup, dans les alarmes de l'Épiscopat annonçait les catastrophes qui ne tardèrent pas à éclater, de prétendus sages trouvèrent ses avertissements exagérés, intempestifs.

Les catastrophes n'en vinrent pas moins, plus terribles au-dedans et au-dehors, plus promptes, plus foudroyantes qu'il ne l'avait prévu.

Vous les connaissez.

Voyant que, malgré ses prévisions et les faits accomplis, on continuait à ne pas voir, à ne pas entendre, il s'est écrié : *où allons-nous ?*

Et dans un style fougueux et rapide il nous fait des révélations accablantes sur les menaces et les complots des ennemis de l'Église et de la société.

Puissiez-vous cette fois ne pas rester sourds à la voix de ce grand apôtre, qui est la voix de la vérité !

Pour nous qui avons vu et entendu, nous avons pensé qu'il était de notre devoir de nous rendre à l'appel qui nous a été fait par notre auguste chef et de poser notre pierre à la digue qui s'ébranle.

« Courons tous, conservateurs de quelque nuance que nous soyons : empêchons l'eau de filtrer et le flot de jaillir et la brèche de se faire : plus tard ce serait trop tard, » nous dit l'illustre évêque d'Orléans.

Du reste est-il possible de demeurer les bras croisés en présence dn péril qui nous menace tous : car ce n'est pas seulement notre religion que l'on attaque, c'est la famille, c'est la société tout entière.

Et c'est au nom de la République que tout cela se fait. Et vous voulez que nous acclamions un pareil régime. Vous voulez nous obliger de crier : vive la République ! lorsque partout autour de nous on nous crie : guerre au catholicisme, guerre à l'Église, guerre à Dieu.

Lorsque sous son règne on pousse l'insulte et le mépris jusqu'à promener les cadavres de l'athéisme autour de nos temples saints comme un défi, et que l'on voudrait même nous obliger à rendre à ces impies les honneurs qui ne sont dûs qu'aux braves et aux croyants ?

Lorsqu'enfin on porte atteinte à tous nos droits religieux et civils.

Est-ce là cette République aimable que vous nous promettiez ? changez donc votre enseigne.

Ainsi au lieu de rechercher notre alliance et notre appui, vous nous repoussez, vous nous menacez ; eh bien, nous vous le répétons avec notre vénérable cardinal. La République sera chrétienne ou elle ne sera pas.

Elle vivra avec nous ou elle mourra. Son existence est attachée à la nôtre.

Oui, si vous persistez dans la voie où vous vous êtes engagés, si au lieu de vous appuyer sur nous vous nous combattez, vous tomberez.

Nous sommes les architectes mêmes de Dien.

Sans nous, c'est comme si vous bâtissiez sur le sable, votre édifice croulera, je vous le prédis. *Nisi dominus œdificaverit domum, in vanum laboraverunt qui œdicant eam.*

Quand et comment cela arrivera-t-il ? Je l'ignore.

Tout ce que je sais, c'est que Dieu souvent se sert des moyens les plus simples pour accomplir ses desseins. Il a suffi d'une petite pierre lancée par la main du berger David pour terrasser le géant Goliath. Il faudra bien moins pour renverser un pouvoir qui n'est pas déjà si fort. Le moindre souffle suffira. Lui-même de ses propres mains déchirera ses entrailles. Oui, c'est vous, Républicains, qui perdrez la République par vos excès mêmes. Pour nous, nous n'avons qu'à attendre.

« Le long enchaînement des causes particulières qui font et défont les empires dépend des ordres secrets de la divine Providence, dit Bossuet.

« Dieu tient du haut des cieux les rênes des États. Il a tous les cœurs dans sa main. Tantôt il retient les passions, tantôt il leur lâche la bride et par là il remue tout le genre humain ; tantôt il éclaire la sagesse humaine,

tantôt il l'abandonne à sa faiblesse, il l'aveugle, il la pré-
cipite, il la confond par elle-même.

« Il redresse, quand il lui plaît, le sens égaré, et celui
qui insultait à l'aveuglement des autres tombe lui-même
dans d'épaisses ténèbres.

« C'est lui qui donne et qui ôte la puissance, qui la
transporte d'un homme à un autre, d'un peuple à un
autre, pour nous montrer qu'ils ne l'ont tous que par
emprunt et qu'il est le seul en qui elle réside naturelle-
ment. »

C'est ainsi que Dieu gouverne les nations.

Cependant nous, ses sujets fidèles et dévoués, nous
sommes pour quelque chose dans ses décrets éternels.

Nous pouvons agir auprès de lui par des œuvres de
salut et surtout par la prière. Nous devenons ainsi ses
coopérateurs.

Prions donc, chrétiens catholiques, la prière est une
arme que nos ennemis ne connaissent point. Nous
avons cet avantage sur eux. Ils se rient de nos moyens
de défense, mais laissons les rire.

La parole est une épée à deux tranchants, difficile à
manier, tandis que la prière est à la portée de tout le
monde et elle est souvent plus puissante aux yeux
de Dieu que les discours les plus éloquents.

N'est-ce pas à la prière de Jeanne d'Arc plus encore
qu'à la force des armes que la France a dû sa délivrance ?
N'est-ce pas à la prière de sainte Geneviève que Paris a
été préservé d'une ruine certaine ? Nos braves Parisiens

ne l'ont pas oublié : témoins ces foules qui tous les ans viennent rendre leurs pieux hommages à leur bien-aimée patronne. Je crois, messieurs, que vous auriez du mal à enlever ce temple au culte de nos édiles, comme plusieurs d'entre vous se le proposent. Vous trouveriez de la résistance même parmi les indifférents. N'essayez pas.

Lorsque les Hébreux dans le désert étaient décimés par la peste, ne leur snffisait-il pas de regarder le serpent en croix pour être guéris? L'armée de Moïse n'était-elle pas triomphante pendant que ce prophète avait les bras tendus sur la montagne sainte? — Ne pouvons-nous pas davantage, maintenant que nous avons un médiateur plus puissant, le Christ Jésus, dont le prophète n'était que la figure? — Courage donc et confiance, chrétiens catholiques, la victoire est à nous si nous savons intéresser Dieu à notre cause par toute sorte de bonnes œuvres. Ayons aussi les yeux fixés sur la croix dans la terrible lutte que nous avons à soutenir.

C'est de là que nous viendra le salut.

Pendant que l'armée de Constantin était aux prises avec l'armée ennemie, la croix du Sauveur apparut dans les cieux avec cette inscription : *in hoc signo vinces*, et Constantin gagna la bataille.

Sous ce même signe tout-puissant continuons à combattre. S'il est pour nous le drapeau du combat, il sera aussi le drapeau de la victoire. Amen.

TABLE DES MATIÈRES

VIENT DE PARAITRE

RÉPONSE A L'HOMME LIBRE

Prix 60 centimes

———

SOUS PRESSE

L'ÉGALITÉ, LA FRATERNITÉ

PARIS

Imprimerie SARTORIUS et Cie.

62, RUE TIQUETONNE, 62.

—

1877.

Paris, le   1877.

MONSIEUR LE CURÉ,

Je prends la liberté de vous adresser six exemplaires d'une brochure qui a pour titre, **Relevons le Gant,** *approuvé par Mgr Dupanloup et autres célébrités. Tout le clergé de Paris, son Eminence en tête m'en a pris une certaine quantité pour les propager. La plupart de ces Messieurs m'ont dit que cette brochure devrait être entre les mains de tout le monde, tant elle est saisisante et persuasive. Du reste d'après les approbations que vous lirez et par vous même aussi, Monsieur le curé, vous pourrez juger de sa valeur. C'est vraiment une actualité. Dans ce moment en effet où notre religion est si violemment attaquée il est urgent de la défendre avec tonte l'énergie dont nous sommes capables sans sortir de la légalité. Ce n'est point faire de la politique que de protester avec énergie contre le blasphème et l'impiété. C'est un devoir. — Le prix étant minime, i vous sera facile de réunir une si faible somme parmi vos confrères ou autres personnes pieuses de votre paroisse, qui voudrait bien en acheter. J'ai même l'espoir, Monsieur le curé, que vous ne tarderez pas à m'en demander d'autres.*

Je regrette de ne pouvoir en faire un complet abandon en faveur d'une si sainte cause, mais mes moyens ne me le permettent pas. Vous ferez au contraire en acceptant mes six brochures, une œuvre de charité en faveur de l'auteur, père de famille sans ressources.

Agréez, Monsieur le curé, l'expression
de mon sincère dévoûment en N.-S.

M. JOUGLA.

P. S. — *Si Monsieur le Curé désire quelques exemplaires de ma* **Réponse à l'Homme libre,** *je m'empresserai de les lui envoyer. Au dire de personnes compétentes, cette brochure est encore plus intéressante que celle-ci.*

Paris. — Impr. Sartorius et Cie, 62, rue Tiquetonne.